KB043031

ONE DAY
$\times$
ONE PICK

NAME _____

BIRTHDAY _____

MOBILE _____

나의 하루는 오직 나의 것.
나만이 나를 기쁘게 하고, 나를 슬프게 할 수 있어요.

열두 가지 인생 주제에 따른 세계 거장들의 문장을 보고
오늘 나의 기분에 따라 하루 한 문장을 PICK 해보세요.

순서대로 쓰지 않아도 괜찮아요.

행복만 담지 않아도 괜찮아요.

동그라미에 내 마음의 표정도 꾸밈없이 그려보세요.

무엇을 남기든 내 마음에 들면 그만이랍니다.

✕ 목차 ✕

✕ 한 해의 기록 ✕

1년 동안 기억할 일들을 적어보세요.

· month ·	
① 2 3 4	
5 6 7 8	
9 10 11 12	

___ 일, 새 출발 _____

___ , _____

· month ·	
1 2 3 4	
5 6 7 8	
9 10 11 12	

· month ·	
1 2 3 4	
5 6 7 8	
9 10 11 12	

· month ·	
1 2 3 4	
5 6 7 8	
9 10 11 12	

· month ·	
1 2 3 4	
5 6 7 8	
9 10 11 12	

· month ·			
1	2	3	4
5	6	7	8
9	10	11	12

_____ , _____

_____ , _____

· month ·			
1	2	3	4
5	6	7	8
9	10	11	12

_____ , _____

_____ , _____

· month ·			
1	2	3	4
5	6	7	8
9	10	11	12

_____ , _____

_____ , _____

· month ·			
1	2	3	4
5	6	7	8
9	10	11	12

_____ , _____

_____ , _____

· month ·			
1	2	3	4
5	6	7	8
9	10	11	12

_____ , _____

_____ , _____

· month ·			
1	2	3	4
5	6	7	8
9	10	11	12

_____ , _____

_____ , _____

✕ 한 해의 소망 ✕

1년 동안 이루고 싶은 소망을 적어보세요.
내년 이맘때면 모두 이루어져 있을 거예요.

_____

_____

_____

_____

_____

시작

"모든 행운이 당신과 함께하기를."

– Ernest Hemingway

date . .

잘 쉬어라, 작은 새야.
다시 날아서 다른 사람이나 새, 물고기처럼
네 운명을 개척해.

_ 노인과 바다 Ernest Hemingway

date   .   .

난 미끼를 정확하게 던지지.
단지 운이 따르지 않을 뿐이야.
하지만 오늘은 운이 따를지 누가 알겠어.
하루하루가 새로운 날이니까.

_ 노인과 바다 Ernest Hemingway

date   .   .

믿음을 가져야 해.

_ 노인과 바다 Ernest Hemingway

date   .   .

모든 행운이 당신과 함께하기를.

_ 무기여 잘 있거라 Ernest Hemingway

date   .   .
_____

작품을 창조할 때, 꿈을 꿀 때,
나무를 심을 때, 아기가 태어날 때.
생은 시작되고 어둠의 시간을 뚫고 나아갈
커다란 틈이 생긴다.

_ 서간집 Hermann Hesse

date   .   .
_____

불가능한 것을 얻기 위해서는
불가능한 것을 시도해야 한다.

_ 돈키호테 Miguel de Cervantes

date . .
_____

인생 별것 있나? 사느냐 죽느냐지.

_ 돈키호테 Miguel de Cervantes

date   .   .

사람들은 급행열차에 오르면서도
자신이 무엇을 찾고 있는지 몰라.

_ 어린 왕자 Saint Exupery

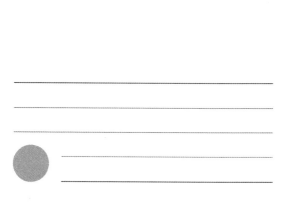

date   .   .
_____

올해 여름, 또다시 새로운 삶이 시작될 것 같다는
익숙한 느낌이 나를 감쌌다.

_ 위대한 개츠비 Scott Fitzgerald

date . .
_____

서른 살.
또 다른 고독을 맞이할 10년이다.

_ 위대한 개츠비 Scott Fitzgerald

_____

_____

_____

_____

date . .

인생은 하나의 창문을 통해 바라볼 때
훨씬 더 잘 보인다.

_ 위대한 개츠비 Scott Fitzgerald

date   .   .
_____

동틀 무렵의 공기는

얼마나 신선하고, 고요한지.

파도의 찰싹임처럼, 파도의 입맞춤처럼.

_ 댈러웨이 부인 Virginia Woolf

_____

_____

_____

_____

_____

date   .   .

당신이 쓰고 싶은 것을 쓰는 것.
오직 그것만이 중요하다.

_ 자기만의 방 Virginia Woolf

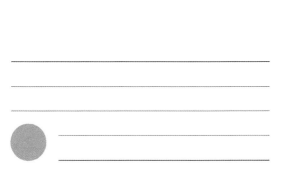

date . .
_____

자신의 경험을 오롯이 전달하려면
마음 전체가 활짝 열려 있어야 한다.
자유와 평화가 함께해야 한다.
바퀴의 삐걱거림이나
깜빡이는 빛도 있어서는 안 된다.

_ 자기만의 방 Virginia Woolf

_____

_____

_____

_____

_____

date   .   .
_____

저녁 식사를 제대로 하지 않으면
잘 생각할 수도, 잘 사랑할 수도, 잘 잘 수도 없다.

_ 자기만의 방 Virginia Woolf

date   .   .

그녀의 지평은 무한했다.
그녀는 어디든지 갈 수 있었다.

_ 등대로 Virginia Woolf

date　　.　　.

삶은 정직에서 시작되므로
정직하지 못한 삶은
재앙을 요행으로 비껴간 것뿐이다.

_ 논어·옹야편 孔子

date   .   .

군자는 모든 일의 근본을 강조하니,
근본이 서면 도道가 저절로 따라온다.

_ 논어·학이편 孔子

date　　.　　.

다짐이란 불꽃처럼 활활 타올랐다가
금세 꺼져버리는 거야.
그 불꽃에 현혹되었다가는 실망하기 십상이야.

_ 햄릿 William Shakespeare

date   .   .

우리가 태어날 때 세상이 떠나가라 우는 이유는
바보들의 무대에 서는 것이 서럽기 때문이다.

_ 리어왕 William Shakespeare

date . .
_____

거리에 핀 꽃들이 향기와 아름다운 자태로
악한 이에게는 선한 마음을, 병자에게는 건강을,
노인에게는 젊음을 되찾아 주고 있었다.

_ 두 도시 이야기 Charles Dickens

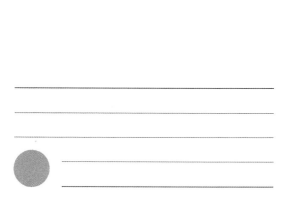

date   .   .

이 세상에 존재하는 것 중 크리스마스 다음으로
즐거운 것이 새해의 도래다.

_ 새해 Charles Dickens

date   .   .

우리는 새해가 좋은 한 해가 될 거라는
믿음을 잃지 말아야 한다.

_ 새해 Charles Dickens

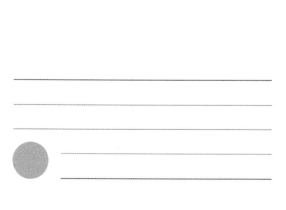

date .   .

당신의 삶을 살아요.
항상 새로운 감동을 찾아 나서요.
아무것도 두려워하지 말아요.

_ 도리언 그레이의 초상 Oscar Wilde

date　　　.　　　.

　　　　쓸데없는 것에 귀를 기울이거나
　　희망이 보이지 않는 실패를 만회하려 애쓰거나,
　　멍청한 사람들, 평범한 사람들, 저급한 사람들과
시간을 보내면서 황금 같은 청춘을 낭비하지 말아요.

_ 도리언 그레이의 초상 Oscar Wilde

date   .   .
_____

우리는 종종 미래에 실현될지, 안 될지도 모를
막연한 계획 때문에
현재의 확실한 행복을 놓치곤 하죠.

_ 노생거 사원 Jane Austen

_____

_____

_____

_____

date　　　.　　　.

당신은 기쁨의 새로운 원천을 가졌어요.
행복을 손에 넣는 방법은 많을수록 좋은 거예요.

_ 노생거 사원 Jane Austen

date . .
_____

친애하는 캐서린,
너의 마음을 줄 때는 조심해야 한다.

_ 노생거 사원 Jane Austen

_____
_____
_____
_____
_____

date . .
_____

무엇을 하든지 즐겁게 지내시길 바라요.
그리고 주디를 잊지 마세요.

_ 키다리 아저씨 Jean Webster

date . .
_____

앞으로 벌어질 일들을 떠올리면
기분이 너무 들떠서 잠이 오지 않아요.

_ 키다리 아저씨 Jean Webster

_____

_____

_____

_____

_____

date　　.　　.
_____

적을 알고 나를 알면 백 번 싸워도 위태롭지 않고,
적을 알지 못하고 나를 알면 이길 수도 질 수도 있으며,
적도 모르고 나도 모르면 싸울 때마다 위태롭다.

_ 병법·모공편 孫子

_____
_____
_____
_____
_____

용기

"영원히 '금지된' 것은 없어.
그 무엇도 바뀔 수 있지."

– Hermann Hesse

date   .   .

어떤 일을 가능하게 하려면
계속해서 불가능한 것들을 시도해야 해.

_ 서간집 Hermann Hesse

date   .   .
_____

비열하지 않은 인생을 살기 위한 최고의 무기는
용기와 고집, 그리고 인내다.

_ 서간집 Hermann Hesse

_____

_____

_____

_____

_____

date   .   .

영원히 '금지된' 것은 없어.
그 무엇도 바뀔 수 있지.

_ 데미안 Hermann Hesse

date . .

영원한 꿈 같은 건 없어요.
새로운 꿈이 나타나지요.
그러니 어떤 꿈에도 집착해서는 안 돼요.

_ 데미안 Hermann Hesse

date . .

사랑은 자기 내부에서
확신에 이르는 힘을 지녀야 해요.
그러면 사랑은 끌려오는 것이 아니라
끌어당기는 힘을 갖게 되지요.

_ 데미안 Hermann Hesse

date   .   .

세상에서 사람들의 입방아에 오르내리는 것보다
더 불행한 것이 딱 하나 있는데,
바로 거론조차 되지 않는 것이다.

_ 도리언 그레이의 초상 Oscar Wilde

date   .   .

내 머리 위의 하늘이 어떤 모습을 하고 있든,
나에게는 운명을 받아들일 용기가 있다.

_ 키다리 아저씨 Jean Webster

date   .   .

누가 미친 사람인가?
세상을 있는 그대로만 보는 사람?
아니면 이뤄질 수 없는 세상을 상상하는 나?

_ 돈키호테 Miguel de Cervantes

date   .   .

진정한 용기는 겁쟁이와 무모함, 그 중간에 있다.

_ 돈키호테 Miguel de Cervantes

date　　.　　.

용감한 사람이 자신의 운명을 창조한다.

_ 돈키호테 Miguel de Cervantes

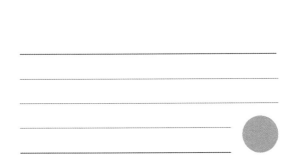

용기

오늘 쓰러진 사람도 내일은 다시 일어날 수 있다.

_ 돈키호테 Miguel de Cervantes

date . . _____

용감한 자가 도망치는 경우는
상대의 속임수가 확실히 보일 때다.

_ 돈키호테 Miguel de Cervantes

_____

_____

_____

_____

_____

date   .   .

상처를 치유할 길이 있다면,
그 상처를 받은 곳에서 찾아야 한다.

_ 엠마 Jane Austen

date . .
_____

애를 써봤지만 소용없었습니다.
도저히 안 될 것 같습니다.
제 감정을 억누를 수가 없습니다.
제가 당신을 얼마나 열렬히 사모하고 사랑하는지
말하지 않을 수가 없습니다.

_ 오만과 편견 Jane Austen

_____

_____

_____

_____

_____

인생에 해결책은 없어.
앞으로 나아가는 힘뿐이지.
그 힘을 기르면 해결책은 뒤따라와.

_ 야간 비행 Saint Exupery

date . .

그가 돌아오는 이유는
언제나 다시 떠나기 위해서였다.

_ 인간의 대지 Saint Exupery

타인을 평가하는 것보다
자신을 평가하는 것이 훨씬 어려운 법이다.

_ 어린 왕자 Saint Exupery

date   .   .
_____

"잘 자"라는 말밖에 할 수 없다는 게 너무 끔찍해.
내가 잠깐 들어가면 안 될까?

_ 당신의 나이 Scott Fitzgerald

date . .

그가 바랐던 것은 여전히 튼튼한,
그러나 늙어버린 자신의 심장을
부숴버리는 것이었다.

_ 당신의 나이 Scott Fitzgerald

date . .

원하지 않는 일을 계속하고 있는 현실.
모험하기에는 얽혀 있는 이해관계가 많아
그저 노예처럼 순종하고 아양을 떨며
그 일을 하고 있는 현실.

_ 자기만의 방 Virginia Woolf

date   .   .
_____

그래도 햇볕은 여전히 따스하다.
그래도 결국에는 다 극복하는 법이다.
그래도 하루 또 하루 살아가게 되는 법이다.

_ 댈러웨이 부인 Virginia Woolf

_____

_____

_____

_____

date . .

앞으로 100년이 지나면,
여성은 보호받는 존재이기를 원치 않을 것이다.
그들은 반드시 자신에게 허용되지 않았던
모든 활동과 노동에 참여할 것이다.

_ 자기만의 방 Virginia Woolf

date   .   .

인생은 영원히 계속되는 고단한 투쟁이라
어마어마한 용기가 필요하다.

_ 자기만의 방 Virginia Woolf

date .   .
_____

자신감이 없는 사람은
요람에 누운 아기나 다름없다.

_ 자기만의 방 Virginia Woolf

_____

----

date   .   .

논란의 여지가 있는 주제를 다룰 때는
누구든 진실 그대로를 말하기 어렵다.
하지만 어떤 생각이든 그 생각을 하기까지
거쳐야 했던 과정을 보여줄 수는 있을 것이다.

_ 자기만의 방 Virginia Woolf

date   .   .

하는 일의 상황을 살피고,
지키고자 하는 것의 원칙을 관찰하며,
그 마음을 이해한다면 불안할 것이 없다.

_ 논어·위정편 孔子

용기

당신이 용기만 낸다면 실패할 일은 없어요.

_ 맥베스 William Shakespeare

date . .

착한 사람에게도 불행은 공평한 법이다.

_ 리어왕 William Shakespeare

date   .   .

우리는 모두 세상이라는 무대 위에서
각자의 역할에 충실한 배우에 불과하다.

_ 베니스의 상인 William Shakespeare

date . . _____

지금부터 온 마음을 다해
1년 내내 크리스마스와 같이 살도록 노력하겠습니다.

_ 크리스마스 캐럴 Charles Dickens

_____

_____

_____

_____

_____

date   .   .

아는 것을 안다고 말하고,
모르는 것을 모른다고 말하는 것.
이것이 진정한 앎이다.

_ 논어·위정편 孔子

선택

"빨리하려고 하지 말고,
작은 이익을 좇지 말아야 한다.
빨리하려고 하면 오히려 이루지 못하고,
작은 이익을 좇으면 큰일을 이루지 못한다."

– 孔子

오늘의

선택

"넌 어떤 사람이니?"
"정의를 내리는 일은 한계를 짓는 것과 같아."

_ 도리언 그레이의 초상 Oscar Wilde

다시 젊어지려면
과거의 잘못을 반복하는 방법밖에 없다.

_ 도리언 그레이의 초상 Oscar Wilde

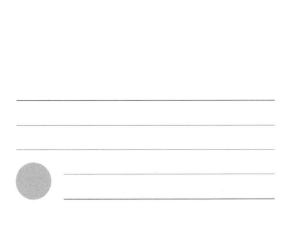

date .   .

악한 일을 도모하는 사람은 악마와 마주칠 수 있다.

_ 돈키호테 Miguel de Cervantes

오늘은

선택

네가 어디에 있든 언제나 만족할 줄 알아야 해.

_ 노생거 사원 Jane Austen

date   .   .

오늘은

선택

너의 행복을 가장 잘 판단할 사람은 너야.

_ 엠마 Jane Austen

date   .   .

아무리 우울해도 뭔가 할 일이 있으면
그 우울함을 떨쳐낼 수 있다.

_ 맨스필드 파크 Jane Austen

오늘은

선택

승리니, 패배니 하는 말들은 아무 의미가 없다.
승리는 사람들을 나약하게 만들고,
패배는 사람들을 각성시킨다.

_ 야간 비행 Saint Exupery

_____

_____

_____

_____

_____

date   .   .
_____

내가 잘한 것인지 잘 모르겠다.

나는 인생이라든가 정의라든가,

고뇌가 어떤 가치가 있는지 잘 알지 못한다.

한 사람의 기쁨이 얼마큼 중요한지도 모른다.

_ 야간 비행 Saint Exupery

_____

_____

_____

_____

_____

오늘의

선택

완성이란 더해야 할 것이 없을 때가 아니라
빼내야 할 것이 아무것도 없을 때 이뤄진다.

_ 인간의 대지 Saint Exupery

오늘은

선택

자기가 사는 곳이 마음에 드는 사람은 없어.

_ 어린 왕자 Saint Exupery

오늘의

선택

만약 나에게
마음대로 쓸 수 있는 53분이 주어진다면
나는 샘을 향해 느긋이 걸어갈 거야.

_ 어린 왕자 Saint Exupery

능력이 있더라도 없는 것처럼 보이고,
전략을 사용하되 사용하지 않는 것처럼 해야 한다.

_ 병법·시계편 孫子

오늘의

선택

백전백승이 최고의 전략이 아니라
싸우지 않고 얻는 것이 최고의 전략이다.

_ 병법·모공편 孫子

작은 병력은 아무리 견고해도
결국 대병력의 포로가 되기 마련이다.

_ 병법·모공편 孫子

오늘은

선택

이기는 사람은
애초에 지는 위치에 서지 않는다.

_ 병법·군형편 孫子

오늘은

선택

방어는 부족할 때 하고
공격은 이길 때 한다.

_ 병법·군형편 孫子

오늘은

선택

방어하지 못하는 곳을 공격하면 이길 수 있다.

_ 병법·허실편 孫子

모든 상황이 유리할 때 비로소 군대를 움직이되,
상황이 유리하지 않으면 움직임을 멈춰야 한다.

_ 병법·화공편 孫子

오늘은

선택

나머지는 그저 마음을 굳게 먹고
지켜보면 될 일이다.

_ 현명한 처사 Scott Fitzgerald

오늘은

선택

과거는 반복할 수 없다.

_ 위대한 개츠비 Scott Fitzgerald

오늘의

선택

오직 하나의 꿈을 붙잡고
너무도 오랜 세월을 흘려보냈다.

_ 위대한 개츠비 Scott Fitzgerald

배우기만 하고 생각하지 않으면 현혹되기 쉽고,
생각하기만 하고 배우지 않으면 위태로워진다.

_ 논어·위정편 孔子

date . .

충분히 들은 뒤 의심스러운 것은
한편에 두어 말하지 말고,
그 나머지를 신중하게 말해라.
그렇게 하면 잘못이 작아진다.

_ 논어·위정편 孔子

군자는 덕德을 중시하고,
소인은 토지와 재산을 중시한다.
군자는 본보기가 되는 모범을 중시하고,
소인은 실제 이익을 중시한다.

_ 논어·이인편 孔子

오늘은

선택

이익을 좇으면 원망이 뒤따른다.

_ 논어·이인편 孔子

date   .   .
_____

오늘은

선택

똑똑한 사람은 똑똑하지 못해도
학문을 좋아하는 사람을 따라가지 못하고,
학문을 좋아하는 사람은 학문을 즐기는 사람을
따라가지 못한다.

_ 논어·옹야편 孔子

오늘은

선택

빨리하려고 하지 말고,
작은 이익을 좇지 말아야 한다.
빨리하려고 하면 오히려 이루지 못하고,
작은 이익을 좇으면 큰일을 이루지 못한다.

_ 논어·자로편 孔子

date   **.**   **.**
_____

오늘의

선택

죽느냐 사느냐, 그것이 문제로다.

가혹한 운명의 돌팔매를 맞고도

죽은 듯 참는 것이 숭고한가.

아니면 밀려드는 재앙에 맞서 싸우는 것이 숭고한가.

_ 햄릿 William Shakespeare

_____

_____

_____

_____

_____

오늘의

선택

먹을 게 없어 굶주려도,
먹을 게 넘쳐나 과식을 해도 병이 날 수 있다.
그러니 알맞게 사는 것이 가장 행복한 삶이다.
무엇이든 모자라거나 과한 것보다는
자기 분수를 지키는 게 중요하다.

_ 베니스의 상인 William Shakespeare

겉모습에 현혹되지 않은 그대여.
그대에게 행운이 따르리라.

_ 베니스의 상인 William Shakespeare

오늘의
선택

우리는 소중히 간직해온 희망이나,
우리를 가장 명예롭게 하는 것들 때문에
낙담하기도 한다.

_ 올리버 트위스트 Charles Dickens

사랑

"고백합니다. 당신을 사랑합니다.
이것이 내가 줄 수 있는 마음의 전부입니다."

– William Shakespeare

그는 사랑을 하며 자기 자신을 발견했다.

_ 데미안 Hermann Hesse

오늘의

사랑

어떤 두 사람이 매우 가까운 사이라 하더라도
그들 사이에는 언제나 심연이 있다.
그 심연에 놓일 수 있는 다리는 오직 사랑뿐이다.

_ 크눌프 Hermann Hesse

오늘의

사랑

나는 정말 좋아하는 사람의 이름을
절대 다른 사람에게 말하지 않아.
그 사람의 일부를 내주는 것 같잖아.

_ 도리언 그레이의 초상 Oscar Wilde

사랑이라는 감정은 우리를 압도하고 옥죄지만,
우리는 그 감정이 어디에서 시작되었는지
잘 알지 못한다.

_ 도리언 그레이의 초상 Oscar Wilde

오늘은

사랑

오늘의

사랑

기쁘게 해줄 가치가 있는 여성에게
기쁨을 줄 수 있다는 나의 자만이
얼마나 하찮은 것인지,
당신은 깨닫게 해주었습니다.

_ 오만과 편견 Jane Austen

아, 리지!
사랑 없는 결혼만큼은
절대로 해서는 안 돼.

_ 오만과 편견 Jane Austen

오늘은
사랑

오늘은

사랑

사랑하는 사람들과 헤어지는 것만큼
슬픈 일은 없는 것 같아.

_ 오만과 편견 Jane Austen

그가 오만하고 무례한 남자인 건
우리 모두 알고 있어.
하지만 네가 진심으로 그를 사랑한다면
그런 건 아무런 문제가 되지 않아.

_ 오만과 편견 Jane Austen

오늘은

사랑

오늘은

사랑

우리가 함께 있을 수만 있다면,
그 무엇도 날 아프게 할 수 없어요.

_ 설득 Jane Austen

사랑은 서로를 마주 보는 것이 아니라
나란히 같은 방향을 보는 것이다.

_ 인간의 대지 Saint Exupery

오늘은

사랑

오늘은

사랑

수백만 개의 별 중에서
어느 별 한 곳에만 있는 꽃을 사랑한다면,
그 별을 바라보는 것만으로 마음이 행복해질 거야.

_ 어린 왕자 Saint Exupery

네가 오후 네 시에 온다면
나는 세 시부터 행복할 거야.

_ 어린 왕자 Saint Exupery

오늘은

사랑

오늘은

사랑

중요한 것은 눈에 보이지 않아.
오직 마음으로 봐야 잘 보여.

_ 어린 왕자 Saint Exupery

세상에는 다양한 유형의 사랑이 있다.
하지만 그 어떤 사랑도 똑같이 되풀이되지 않는다.

_ 현명한 처사 Scott Fitzgerald

오늘은

사랑

오늘은

사랑

그의 입술이 그녀의 입술에 닿는 순간,
그녀는 그를 위한 한 송이 꽃으로 다시 태어났다.

_ 위대한 개츠비 Scott Fitzgerald

당신은 나에게 너무 많은 걸 원해요.
나는 지금 당신을 사랑해요.
그거면 충분하지 않나요?

_ 위대한 개츠비 Scott Fitzgerald

오늘은

사랑

date　　.　　.

제가 전화했던 그날,
당신은 저를 저버렸어요.

_ 위대한 개츠비 Scott Fitzgerald

그가 놓지 않고 간직했던
과거의 따뜻한 시간은 이제 완전히 끝나버렸다.

_ 위대한 개츠비 Scott Fitzgerald

오늘은

사랑

어떤 날들,
어떤 장면들은 그 사람을 떠올리게 했다.
평온하게, 해묵은 고통 없이.
어쩌면 그런 고통은 사람들에게
마음을 준 대가겠지만.

_ 댈러웨이 부인 Virginia Woolf

date . .

나를 완전히 지워버리지는 말아요.

_ 댈러웨이 부인 Virginia Woolf

오늘은

사랑

오늘의

사랑

사람의 마음을 헤집어놓는 격정은 수없이 많겠지만,
사랑만큼 우리를 엉망진창으로
만들어버리는 것도 없다.

_ 햄릿 William Shakespeare

사랑에 빠진 사람들은
언제나 약속 시각보다 일찍 도착한다.

_ 베니스의 상인 William Shakespeare

오늘은

사랑

고백합니다. 당신을 사랑합니다.
이것이 내가 줄 수 있는 마음의 전부입니다.

_ 베니스의 상인 William Shakespeare

모든 감정이 사라져버렸어.
의심도, 불안도, 절망도, 공포도, 질투도…
이 모든 게 안개처럼 사라졌어.
이제 내게는 오직 사랑뿐이야.

_ 베니스의 상인 William Shakespeare

오늘은

사랑

오늘은

사랑

아무리 천하고 악하고 쓸모없는 것이라 해도
사랑은 근사하고 훌륭한 것으로 바꿔놓기 마련이다.
사랑은 눈이 아닌 마음으로 보는 것이다.

_ 한여름 밤의 꿈 William Shakespeare

그의 삶은 언제나 한쪽 방향,
즉 사랑하는 여인에게로 흘렀다.

_ 두 도시 이야기 Charles Dickens

오늘은

사랑

오늘은

사랑

이 세상에 흔한 것이 사랑이라고 해도,
그녀를 사랑합니다.

_ 두 도시 이야기 Charles Dickens

그녀의 마음속에는
아직 잘 모르는 사랑에 대한 희망과
그 사랑의 기쁨을 언제까지 누릴 수 있을까 하는
의심이 동시에 피어올랐다.

_ 두 도시 이야기 Charles Dickens

오늘은

사랑

오늘의

사랑

깊은 슬픔은 사랑의 감정을 깊어지게 만들기도 한다.

_ 크리스마스 캐럴 Charles Dickens

삼촌, 크리스마스는
모두가 한마음이 되어 마음을 터놓고,
서로를 친구로 느끼는 유일한 때예요.

_ 크리스마스 캐럴 Charles Dickens

오늘은

사랑

_____

_____

_____

_____

_____

오늘은

사랑

이맘때가 되면 넘쳐나는 좋은 감정과
정직하게 주고받은 애정에
감히 어느 누가 무심할 수 있겠는가.

_ 크리스마스 만찬 Charles Dickens

관계

×

"함께 있을 때 즐겁지 않은 사람들 틈에서
나를 힘들게 하는 일은
더 이상 하고 싶지 않아요."

– Jane Austen

홀륭한 예절만큼 탈도 없고
돈이 안 드는 것은 없다.

_ 돈키호테 Miguel de Cervantes

오늘은

관계

모든 비교는 나쁘다.
사람끼리 비교하면 절대 안 된다.

_ 돈키호테 Miguel de Cervantes

오늘은

관계

많은 사람을 웃겨도
누군가에게 상처를 준다면
그것은 나쁜 말이다.

_ 돈키호테 Miguel de Cervantes

사람들은 관심 없는 사람에게 오히려 친절하다.

_ 도리언 그레이의 초상 Oscar Wilde

오늘은

관계

웃음과 함께 우정이 시작되는 것도 좋지만,
우정이 끝날 때도 웃을 수 있다면
그보다 좋은 일이 있을까.

_ 도리언 그레이의 초상 Oscar Wilde

오늘은

관계

사람은 자신이 더 이상 사랑하지 않는
사람의 감정을 가소롭게 여긴다.

_ 도리언 그레이의 초상 Oscar Wilde

오늘은

관계

모든 사람을 좋아한다는 것은
모든 사람에게 무관심하다는 뜻이기도 해.

_ 도리언 그레이의 초상 Oscar Wilde

오늘은

관계

누군가를 적으로 삼을 때에는
지나치다 싶을 만큼 신중해야 해.

_ 도리언 그레이의 초상 Oscar Wilde

오늘은

관계

젊은 사람들이 멍청하다고 생각하는 것은
말도 안 되는 짓이다.
요즘 나는 나보다 어린 사람들의 의견을
진심으로 귀담아듣는다.

_ 도리언 그레이의 초상 Oscar Wilde

사람에게 제일 필요한 자질은 상상력인 것 같아요.
상상력은 다른 사람의 입장을 헤아리게 해서
사람들을 친절하고 사려 깊게 만드니까요.

_ 키다리 아저씨 Jean Webster

오늘은

관계

_____

_____

_____

_____

_____

아무런 말씀도 하지 말고
그저 마음으로만 위로해주세요.

_ 키다리 아저씨 Jean Webster

오늘은

관계

실연의 상처를 달래주는
최고의 치료제는 우정이다.

_ 노생거 사원 Jane Austen

오늘의

관계

인간의 마음 앞에서는 뛰어난 분별력도
아무 힘을 발휘하지 못하는 순간이 있다.

_ 노생거 사원 Jane Austen

오늘의
관계

함께 있을 때 즐겁지 않은 사람들 틈에서
나를 힘들게 하는 일은
더 이상 하고 싶지 않아요.

_ 이성과 감성 Jane Austen

오늘의
관계

그를 잊지 않기 위해 그의 모습을 그려본다.
그를 잊는다는 것은 슬픈 일이니까.

_ 어린 왕자 Saint Exupery

오늘의

관계

"사막은 좀 외롭군."
"사람들 사이에서도 외로운 건 마찬가지야."

_ 어린 왕자 Saint Exupery

오늘은

관계

네가 나를 길들인다면 멋질 거야.

황금빛으로 무르익은 밀을 보면 네가 떠오를 테니까.

_ 어린 왕자 Saint Exupery

이 웃음소리를 다시는 들을 수 없다고
생각하자 견딜 수가 없었다.
나에게 그의 웃음소리는 사막의 샘이었다.

_ 어린 왕자 Saint Exupery

승리는 윗사람과 아랫사람이 뜻을 같이할 때 온다.

_ 병법·모공편 孫子

적을 끌어들이되, 적에게 끌려가지 않아야 한다.

_ 병법·허실편 *孫子*

오늘의

관계

‾‾‾‾‾‾‾‾‾‾‾‾‾‾‾‾‾‾‾‾‾‾‾‾‾‾‾‾‾‾

‾‾‾‾‾‾‾‾‾‾‾‾‾‾‾‾‾‾‾‾‾‾‾‾‾‾‾‾‾‾

‾‾‾‾‾‾‾‾‾‾‾‾‾‾‾‾‾‾‾‾‾‾‾‾‾‾‾‾‾‾

‾‾‾‾‾‾‾‾‾‾‾‾‾‾‾‾‾‾‾‾‾‾‾‾‾‾

‾‾‾‾‾‾‾‾‾‾‾‾‾‾‾‾‾‾‾‾‾‾‾‾‾‾‾‾‾‾

아무런 대책도 없이 적을 얕보는 사람은
사로잡히기 마련이다.

_ 병법·행군편 孫子

말을 하면 할수록 그들 사이는 점점 더 멀어졌다.
그렇다고 말을 멈출 수도,
목소리에서 불안을 지울 수도 없었다.

_ 현명한 처사 Scott Fitzgerald

오늘은

관계

그가 자신의 이야기를 마음껏
털어놓을 수 있도록 도와주지 않는다면
그는 절대 행복해질 수 없을 거야.

_ 부잣집 소년 Scott Fitzgerald

오늘은

관계

_____

_____

_____

_____

누군가를 비난하고 싶을 때면,
이 세상 사람들이 모두 너와 같은 상황에
놓인 것은 아니라는 사실을 꼭 기억해라.

_ 위대한 개츠비 Scott Fitzgerald

오늘은

관계

_____

_____

_____

_____

_____

우정은 친구가 죽고 나서가 아니라
살아 있을 때 보여주는 거라네.

_ 위대한 개츠비 Scott Fitzgerald

오늘은

관계

현자를 만나면 그를 본받고,
그렇지 못한 자를 만나면
스스로 그와 같은 잘못이 있는지 돌아봐야 한다.

_ 논어·이인편 孔子

오늘은

관계

덕德은 외롭지 않다.
반드시 그 이웃이 있다.

_ 논어·이인편 孔子

오늘은

관계

세 사람이 길을 걸으면
그중에는 반드시 나의 스승이 있으므로
선한 것을 찾아서 본받고,
선하지 못한 것은 거울로 삼아
내 잘못을 고쳐야 한다.

_ 논어·술이편 孔子

작고 손쉬운 배려의 말이
애착과 헌신으로 보답받았다.
신사와의 우정이 시작된 때였다.

_ 험프리씨의 시계 Charles Dickens

오늘의

관계

그 사람이 우리에게
도움을 줄 수 있을지도 몰라서가 아니라,
그렇게 친절하게 대해주니
얼마나 위로가 되었는지 몰라.

_ 크리스마스 캐럴 Charles Dickens

오늘은

관계

date   .   .
_____

네 크리스마스는 네 방식대로 지내고,
내 크리스마스는 내 방식대로 지내게 놔둬.

_ 크리스마스 캐럴 Charles Dickens

_____

_____

_____

_____

책임감

×

"너의 장미꽃이 그토록 소중한 이유는
네가 그 장미꽃을 위해 시간을 들였기 때문이야."

– Saint Exupery

절망은 삶을 도덕과 정의와 이성으로 극복하고,
그 요구를 실현하려는 모든 진지한 시도의 결과다.

_ 동방 순례 Hermann Hesse

오늘의

책임감

직업이란 언제나 불행이요, 제한이며, 체념이다.

_ 게르투르트 Hermann Hesse

오늘은

책임감

외적인 운명이 신의 뜻이라면,
내적인 운명은 나의 뜻이므로
달든 쓰든 내 것이며,
그것에 관해서는 나 혼자 책임지려 한다.

_ 게르투르트 Hermann Hesse

오늘의

책임감

지치지 않도록 조심해.
수레바퀴 아래에 깔릴지도 모르니까.

_ 수레바퀴 아래서 Hermann Hesse

오늘은

책임감

누군가에게 영향을 미친다는 것은
그에게 나의 영혼을 내주는 것이다.

_ 도리언 그레이의 초상 Oscar Wilde

오늘은

책임감

반짝인다고 모두 금은 아니다.

_ 돈키호테 Miguel de Cervantes

오늘은

책임감

시작하는 것과 끝을 내는 것은 별개의 문제다.

_ 돈키호테 Miguel de Cervantes

오늘은

책임감

올바른 행동은 모두에게 존중받기 마련이야.

_ 엠마 Jane Austen

오늘은

책임감

date   .   .

인간이 된다는 것은 책임을 지는 것이다.
자신과 무관한 비참함 앞에서
부끄러움을 느낄 줄 아는 것이다.

_ 인간의 대지 Saint Exupery

오늘은

책임감

아무리 하찮은 것일지라도
자신의 역할을 깨달을 때
우리는 행복해질 수 있다.

_ 인간의 대지 Saint Exupery

오늘은

책임감

어떤 사람은 창작을 할 수 있도록
생계를 보장해주면, 그저 잠만 잔다.

_ 인간의 대지 Saint Exupery

오늘의

책임감

네가 나를 길들인다면
우리는 서로에게 필요한 존재가 될 거야.

_ 어린 왕자 Saint Exupery

오늘은

책임감

너의 장미꽃이 그토록 소중한 이유는
네가 그 장미꽃을 위해 시간을 들였기 때문이야.

_ 어린 왕자 Saint Exupery

오늘은

책임감

임기응변이 없는 군주는 군대를 위기에 빠뜨린다.

_ 병법·모공편 孫子

오늘은

책임감

군주가 유능한 장수를 믿으면 승리한다.

_ 병법·모공편 孫子

오늘은

책임감

적에게서 영토를 얻으면 그 이익을 분배하되,

저울에 달아 하듯 공평해야 한다.

_ 병법·군쟁편 孫子

오늘은

책임감

지혜로운 사람은 판단할 때
이로움과 해로움을 동시에 고려한다.
불리하더라도 이로움을 따지면
하는 일에 확신을 가질 수 있고,
유리하더라도 해로움을 따지면
환란을 방비할 수 있다.

_ 병법·구변편 孫子

오늘은

책임감

장수는 진격할 때 명예를 추구하지 말고,
후퇴할 때 처벌을 피하지 말아야 하며,
오로지 백성을 보호하는 데 힘쓰고
군주의 이익에 부합되게 해야 한다.

_ 병법·지형편 孫子

오늘은

책임감

승리의 공을 제때 다스리지 않으면 화를 부르니,
총명한 군주는 승리의 결과를 깊이 생각하고,
훌륭한 장수는 이 문제를 성실히 다룬다.

_ 병법·화공편 孫子

오늘의

책임감

장수는 병사들을 자식처럼 아껴야 한다.
그래야 기꺼이 생사를 같이할 수 있다.

_ 병법·지형편 孫子

오늘은

책임감

나는 매일 세 번 반성한다.

남을 위하여 최선을 다해 일했는가?

나의 벗에게 신뢰를 주었는가?

스승의 가르침을 실천했는가?

_ 논어·학이편 孔子

오늘의

책임감

남이 나를 이해하지 못하는 것보다
내가 남을 이해하지 못하는 것을 더 걱정해야 한다.

_ 논어·학이편 孔子

오늘은

책임감

_____
_____
_____
_____
_____

옛것을 익히고 그것을 미루어
새것을 알면 스승이 될 수 있다.

_ 논어·위정편 孔子

오늘은

책임감

군자는 천하의 일과 사람을 대할 때
고정관념 없이 오로지 의義에 따라 움직일 뿐이다.

_ 논어·이인편 孔子

오늘은

책임감

지위가 없다고 걱정하지 말고
지위에 오를 때를 걱정하며,
자신을 알아주지 않는다고 걱정하지 말고
자신을 알리기 위해 애써야 한다.

_ 논어·이인편 孔子

오늘은

책임감

date   .   .
_____

군자는 편애하지 않고 두루 품으며,
소인은 편애하고 두루 사랑하지 않는다.

_ 논어·위정편 孔子

오늘은

책임감

정확하게 말하는 것보다
진실하게 말하는 것이 중요하다.

_ 한여름 밤의 꿈 William Shakespeare

오늘은

책임감

자신을 속이고 살면 안 돼.

_ 노인과 바다 Ernest Hemingway

오늘은

책임감

악에 맞선다고, 네가 선한 건 아니야.

_ 노인과 바다 Ernest Hemingway

오늘의

책임감

단둘이 있는 시간을 소중히 여기며
단 한 순간이라도 헛되이 보내지 않으려 노력했다.

_ 무기여 잘 있거라 Ernest Hemingway

오늘은

책임감

date   .   .
_____

나에게는 그 사람 인생에
무작정 끼어들 자격이 없어.

_ 당신의 나이 Scott Fitzgerald

오늘의

책임감

_____
_____
_____
_____

성격

"우리는 모두 특별하다.
똑같은 사람은 단 한 명도 없다."

– Scott Fitzgerald

우리는 자신이 저지른 실수를
혐오하면서도 그 실수를 거듭한다.

_ 도리언 그레이의 초상 Oscar Wilde

오늘의

성격

마음이 딱딱한 사람의 집에는
더욱 차가운 바람이 분다.

_ 별에서 온 아이 Oscar Wilde

오늘의

성격

앞으로는 모든 사람에게
착하고 상냥하고 친절한 사람이 될 거예요.
저는 이제 행복하니까요.

_ 키다리 아저씨 Jean Webster

오늘은

성격

_____

_____

_____

_____

스스로 비천하게 여기는 것은
자신의 품위를 떨어트리는 행위이다.

_ 돈키호테 Miguel de Cervantes

오늘은

성격

친구를 보면 그 사람을 알 수 있다.
그는 또 다른 나이기 때문이다.

_ 돈키호테 Miguel de Cervantes

오늘의

성격

세상은 분별 있는 사람들보다
바보들로 득실거린다.

_ 돈키호테 Miguel de Cervantes

오늘은

성격

분노하는 사람은 지혜롭기 어렵다.

_ 오만과 편견 Jane Austen

오늘의

성격

뛰어난 사람은 오만할 권리를 가졌다.
그러나 지혜로운 사람은
자신의 오만을 다스릴 줄 안다.

_ 오만과 편견 Jane Austen

오늘은

성격

다정한 마음보다 매력적인 건 없어.

_ 엠마 Jane Austen

오늘은

성격

내 친구들을 위해서라면 난 못 할 게 없어.

난 누군가를 적당히 사랑하는 법을 알지 못해.

그건 내 천성이 아니야.

내 애정은 언제나 지나칠 만큼 크거든.

_ 노생거 사원 Jane Austen

오늘은

성격

"술은 왜 마셔요?"
"창피한 걸 잊고 싶어서."

_ 어린 왕자 Saint Exupery

오늘은

성격

_____

_____

_____

_____

_____

재치 있게 말하려다가 거짓말을 하는 수가 있다.

_ 어린 왕자 Saint Exupery

오늘은

성격

우리는 모두 특별하다.
똑같은 사람은 단 한 명도 없다.

_ 부잣집 소년 Scott Fitzgerald

오늘의

성격

마음과 성격의 재능은 설탕과 버터처럼
무게를 잴 수 있는 것이 아니다.

_ 자기만의 방 Virginia Woolf

오늘은

성격

마음이란 그것이 무엇인지도 모른 채
완전히 의존하게 되는, 신비한 기관이다.

_ 자기만의 방 Virginia Woolf

오늘의

사람이 뜻을 세우고 인덕을 가지면
악습은 일어나지 않는다.

_ 논어·이인편 孔子

오늘은

성격

사람이 저지르는 잘못의 유형은 모두 다르다.
잘못을 살펴보면 그 사람을 알 수 있다.

_ 논어·이인편 孔子

오늘은

성격

덕을 수양하지 않고, 학문에 뜻을 두지 않고,
의로움을 듣고도 실천하지 않고,
선하지 않은 것을 고치지 못하는 것.
이러한 것들이 걱정스러운 바다.

_ 논어·술이편 孔子

오늘은

성격

주관적인 의심, 반드시 이루고 만다는 마음,
나의 주장만 옳다는 고집, 사사로움.
공자는 이 네 가지의 마음이 전혀 없었다.

_ 논어·자한편 孔子

오늘은
영석

내가 아는 것이 있는가? 없다.
그러나 누군가가 나에게 물으면,
나는 마음을 비우고 문제의 양극단을 짚어주면서
최선을 다해 알려주려 한다.

_ 논어·자한편 孔子

오늘은

성격

사람에게 신용이 없으면
어떻게 사람이라고 할 수 있겠는가.
큰 수레에 마구리가 없고,
작은 수레에 끌채가 없다면
어떻게 수레를 굴릴 수 있겠는가.

_ 논어·위정편 孔子

오늘의

성격

_____

_____

_____

_____

함부로 입을 놀리지 말 것. 함부로 행동하지 말 것.
함부로 친구를 사귀지 말 것. 난장판에 끼어들지 말 것.
다른 사람의 말에 귀 기울이되 말을 아낄 것.
돈은 빌리지도 빌려주지도 말 것.
그 무엇보다 자신에게 충실할 것.

_ 햄릿 William Shakespeare

오늘은

성격

장황한 외관은 겉치레일 뿐,
간결함이 지혜의 핵심이다.

_ 햄릿 William Shakespeare

오늘의

성격

속을 다 보여주지 말고, 아는 것을 다 말하지 말라.
주머니에 있는 것 이상으로 빌려주지 말고,
걸을 바에 말을 타라.
듣는 것을 전부 믿지 말고, 내기에는 적게 걸어라.
주색을 멀리하고 집을 가까이하면
열의 두 배인 스물보다 더 많은 돈이 모인다.

_ 리어왕 William Shakespeare

오늘은

성격

"마음속에서 슬픔의 뿌리를 캐고,
기억에서 근심의 뿌리를 뽑아낼 수는 없을까?
망각제로 마음에 퍼진 독소를
한 번에 제거하란 말이야."
"그것은 자신의 마음에 달린 일입니다."

_ 맥베스 William Shakespeare

오늘의
성격

여자는 어지간히 강인하지 않고서는
바보 취급당하기에 십상이네요.

_ 말괄량이 길들이기 William Shakespeare

오늘은

성격

어떤 바람도 스크루지보다는 매섭지 않았고,
어떤 눈도 스크루지보다는 고집스럽지 않았으며,
어떤 비도 스크루지보다는 간청에 관대했다.

_ 크리스마스 캐럴 Charles Dickens

오늘의

성격

사람은 누구나 비밀을 품은
수수께끼 같은 존재다.

_ 두 도시 이야기 Charles Dickens

오늘은

성격

해로움을 알지 못하는 사람은 이로움도 알지 못한다.

_ 병법·작전편 孫子

오늘은

성격

_____

_____

_____

_____

_____

노인이 지혜롭다고 생각하는 건 큰 착각이야.

노인들은 지혜로워지지 않아.

조심성이 많아질 뿐.

_ 무기여 잘 있거라 Ernest Hemingway

오늘은

성격

저 물고기가 물고기로 태어난 것처럼,
난 어부로 태어난 거야.

_ 노인과 바다 Ernest Hemingway

오늘은

성격

자존감

×

"내가 먼저 행복해져야
상대방에게 친절을 베풀 수 있어요."

– Jean Webster

date   .   .

자기 자신의 길을 걷는 사람은 누구나 영웅입니다.

_ 서간집 Hermann Hesse

오늘의

자존감

우리는 저마다 그 누구보다도
위대한 힘을 지녔습니다.
그 위대한 힘은 나만의 고유한 성질이자,
나의 전부입니다.

_ 데미안 Hermann Hesse

우리 마음속에는 모든 것을 알고, 모든 것을 원하고,
우리 자신보다 모든 것을 더 잘 해내는
누군가가 있다.

_ 데미안 Hermann Hesse

오늘은
자존감

여러분 한 사람 한 사람의 마음속에는
귀 기울여야 하는 단 한 마리의,
자기 자신의 새가 있다.

_ 차라투스트라의 귀환 Hermann Hesse

오늘의

자존감

당신의 영혼이 곧 온 세상입니다.

_ 싯다르타 Hermann Hesse

오늘의

자존감

네 나이 때는 산책도 운동도 실컷 하고,
충분히 쉬어야 한단다.

_ 수레바퀴 아래서 Hermann Hesse

오늘의

자존감

그들은 부유한 가족이 아니었다.
하지만 그들은 행복했고,
감사하는 마음을 품고 있었으며,
서로 함께할 수 있는 그 시간이 만족스러웠다.

_ 크리스마스 캐럴 Charles Dickens

오늘의

자존감

나는 점점 늙고, 추하고, 흉해지겠지만
이 그림에 담긴 젊음은 영원하겠지.
아무리 세월이 흘러도 유월의 오늘,
이 모습 그대로일 거야.

_ 도리언 그레이의 초상 Oscar Wilde

오늘의

자존감

당신은 정말 아름다운 얼굴을 지녔어요.

그러니 그렇게 인상 쓰지 말아요.

_ 도리언 그레이의 초상 Oscar Wilde

오늘의

자존감

_____

_____

_____

_____

_____

우리는 스스로를 깎아내리면서도
다른 사람은 나에게 비난할 자격이 없다고 생각한다.

_ 도리언 그레이의 초상 Oscar Wilde

오늘은

자존감

_____

_____

_____

_____

_____

자신이 누군지 모른다는 건 서글픈 일이지만,
한편으로는 흥분되고 낭만적이기도 해요.
아주 많은 가능성이 있다는 거니까요.

_ 키다리 아저씨 Jean Webster

이제 저도 더 이상 고아가 아니라
숙녀가 된 기분이 들어요.

_ 키다리 아저씨 Jean Webster

_____
_____
_____
_____
_____

내가 먼저 행복해져야
상대방에게 친절을 베풀 수 있어요.

_ 키다리 아저씨 Jean Webster

오늘은

자존감

_____

_____

_____

_____

잠자는 동안에는 신분이 높은 사람도, 낮은 사람도,
부자도, 가난한 사람도 모두 공평해진다.

_ 돈키호테 Miguel de Cervantes

오늘은

자존감

date   .   .

기세가 당당하면 혼돈에 빠지더라도 패하지 않는다.

_ 병법·병세편 孫子

.   .

오늘의

자존감

자신을 온전히 보존할 수 있어야
완전한 승리다.

_ 병법·군형편 孫子

_____

_____

_____

_____

_____

적이 공격해오지 않기를 기대하지 말고,
어떠한 적도 공격할 수 없는
강한 나를 만들어야 한다.

_ 병법·구변편 孫子

오늘의

자존감

"젊음! 젊음! 젊음!"
그는 외마디를 내지르며 그것이
실체가 존재하지 않는 단어임을 깊이 자각했다.

_ 당신의 나이 Scott Fitzgerald

오늘은

자존감

그들은 답이 없는 인간들이다.
당신은 그들을 모두 합한 것보다 더 괜찮은 사람이다.

_ 위대한 개츠비 Scott Fitzgerald

오늘은

자존감

그 교수가 여성의 열등함을 지나치게 강조한 것은
여성의 열등함보다 자신의 우월함이
손상될까 봐 불안했기 때문이다.

_ 자기만의 방 Virginia Woolf

오늘은

자존감

우리의 겉모습, 남들이 알고 있는
내 모습은 그저 유치한 포장이다.
그 밑에는 캄캄하고 광활하고
가치를 잴 수 없는 무언가가 있다.

_ 등대로 Virginia Woolf

오늘의

자존감

_____

_____

_____

지혜로운 자는 미혹되지 않고,
어진 자는 근심하지 않으며,
용기 있는 자는 두려워하지 않는다.

_ 논어·안연편 孔子

오늘은

자존감

date   .   .

운명의 여신이 피리를 불어 나를 좌지우지하려 해도
감정과 이성이 조화로워 그 소리에
이끌려 다니지 않는 사람은 행복한 법이다.

_ 햄릿 William Shakespeare

오늘의
자존감

아름다운 것은 추한 것.
추한 것은 아름다운 것.

_ 맥베스 William Shakespeare

오늘은

자존감

주름살이야 어차피 나이 들면 생기는 건데,
웃으면서 사는 게 좋지 않겠나.
한숨으로 심장을 태우는 것보다
즐겁게 술잔을 기울이며
간이나 후끈하게 덥히는 게 낫지.

_ 베니스의 상인 William Shakespeare

오늘의

자존감

내 마음이 명품인데 옷차림이 무슨 상관이겠소.
정신이 육체를 풍요롭게 하니,
아무리 비루한 행색이어도 미덕은 나타나는 법이오.
빛깔이 곱다고 독사를
장어보다 반길 사람은 없지 않소.

_ 말괄량이 길들이기 William Shakespeare

오늘은

자존감

옷에 붙은 가시는 털어내면 끝이지만,
마음에 박힌 가시는 어쩔 수가 없어.

_ 뜻대로 하세요 William Shakespeare

오늘은

자존감

여덟 명의 아이를 키워낸 유모는
10만 파운드를 버는 변호사보다
더 보잘것없는 삶일까?
이런 질문은 무의미하다.
결국 아무도 대답하지 못할 테니.

_ 자기만의 방 Virginia Woolf

오늘은

자존감

사람이란 누구나 내면의 영혼이
다른 사람들과 어울리고, 여행을 해야 하는 법이네.

_ 크리스마스 캐럴 Charles Dickens

오늘의

자존감

누구에게나 있는 과거의 불행이 아니라
누구에게나 넘치는 현재의 축복을 돌아보라.

_ 크리스마스 만찬 Charles Dickens

오늘은

자존감

사막이 아름다운 이유는
어딘가에 샘을 감추고 있기 때문이야.

_ 어린 왕자 Saint Exupery

오늘의

자존감

홀로서기

"서두르지 않아도 된다. 재치를 뽐낼 필요 없다.
자기 자신이 아닌 다른 사람이 되려고
할 필요도 없다."

– Virginia Woolf

date   .   .

고독은 인간이 자기 자신의 운명에
가까이 다가가도록 만드는 길이다.

_ 차라투스트라의 귀환 Hermann Hesse

오늘은

홀로
서기

삶은 고독이다.
어떤 사람도 다른 사람을 알지 못한다.
모두가 다 혼자다.

_ 안개 속에서 Hermann Hesse

_____

_____

_____

_____

_____

오늘은

홀로
서기

타인을, 아니 자기 자신이라도
제대로 이해하는 사람이 과연 있을까?

_ 동방 순례 Hermann Hesse

오늘의

**홀로
서기**

지난 일은 생각하지 않는 게 좋다.
그 무엇도 지난 일을 바꿀 수 없으니까.
생각해야 할 것은 오직 자신과 미래뿐이다.

_ 도리언 그레이의 초상 Oscar Wilde

오늘은

**홀로
서기**

_____

_____

_____

_____

_____

인생이라는 불길 속으로 걸어가는 느낌이 들었다.

_ 도리언 그레이의 초상 Oscar Wilde

오늘의

**홀로
서기**

세상의 짐은 한 사람이 짊어지기에 너무 무겁고,
세상의 슬픔은 한 사람이 감당하기에 너무 버겁다.

_ 어린 왕 Oscar Wilde

오늘의
**홀로
서기**

내 주머니에 있는 푼돈이
남의 주머니에 있는 거금보다 낫다.

_ 돈키호테 Miguel de Cervantes

오늘은

홀로
서기

일용할 양식만 있다면
대부분의 슬픔은 견딜 수 있다.

_ 돈키호테 Miguel de Cervantes

오늘은

홀로
서기

date   .   .

우리는 언젠가 모두 죽어야 할 운명이다.

_ 돈키호테 Miguel de Cervantes

자유는 황금으로도 살 수 없다.

_ 돈키호테 Miguel de Cervantes

가끔가다 혼자서 저녁 시간을 보내는 건
아주 즐거운 일이에요.

_ 노생거 사원 Jane Austen

오늘은

**홀로
서기**

집에 있는 것만큼 진정으로 편안한 건 없어요.

_ 엠마 Jane Austen

오늘은

홀로
서기

_____

_____

_____

_____

_____

침착해. 나 자신의 주인은 내가 되어야 해.

_ 이성과 감성 Jane Austen

오늘하는

**홀로
서기**

나를 바보로 만든 건 사랑이 아니라
나의 허영심이었어.
지금, 이 순간까지 나는 나를 몰랐던 거야.

_ 오만과 편견 Jane Austen

오늘은

**홀로
서기**

날씨가 좋아요.
당신이 가는 길 위에 별이 가득해요.

_ 야간 비행 Saint Exupery

오늘의

**홀로
서기**

진짜 내 집 같은 곳에서 잠깐만이라도
잠들었다 깨어날 수 있었으면….

_ 부잣집 소년 Scott Fitzgerald

새로웠던 사랑이 그의 곁을 떠나갔다.
그의 청춘과 함께.

_ 현명한 처사 Scott Fitzgerald

사랑의 실패를 대비해 그녀는
가슴 한편에 가장 따뜻한 공간을 마련해두었다.

_ 부잣집 소년 Scott Fitzgerald

오늘은

홀로
서기

_____

_____

_____

_____

서두르지 않아도 된다.
재치를 뽐낼 필요 없다.
자기 자신이 아닌
다른 사람이 되려고 할 필요도 없다.

_ 자기만의 방 Virginia Woolf

오늘은

**홀로
서기**

수단과 방법을 가리지 않고 여행을 떠나고,
빈둥거리며, 이 세상의 미래와 과거를 살피고,
책을 읽으며 공상에 잠기고, 길거리를 어슬렁거리고,
사유의 낚싯줄을 강물 깊이 던질 수 있을 만큼
충분한 돈을 스스로 가지게 되기를 바랍니다.

_ 자기만의 방 Virginia Woolf

오늘은

**홀로
서기**

혼자서 무엇이든 마음대로 할 수 있는 것.
바로 고독의 특권이야.
보는 사람이 아무도 없으니 얼마든 울 수도 있지.

_ 댈러웨이 부인 Virginia Woolf

오늘은

**홀로
서기**

_____

나의 삶이 그곳에 있다는 것을 알면서도,
나의 삶은 오직 나만의 것이라
자식들과도 남편과도 나눌 수 없었다.

_ 등대로 Virginia Woolf

_____
_____
_____
_____
_____

생각하는 것. 아니 그조차도 아니고
그저 조용히 있는 것. 혼자 있는 것.
번쩍이고 소란스러운 것들이
자취를 감추고 고요한 가운데,
자기 자신이 되는 것.
바로 그것이 그녀가 원하는 것이었다.

_ 등대로 Virginia Woolf

오늘은

홀로
서기

_____

_____

_____

          _____

혼자 있다 보면 나무나 시냇물,
꽃 같은 것들에 마음이 간다.
그런 것들이 내 마음을 표현해주고, 내가 되고,
나를 알고, 때로는 나인 것만 같아서
마치 나를 대하듯 조건 없는 애정을 느끼게 된다.

_ 등대로 Virginia Woolf

오늘은

**홀로
서기**

나는 이해하기 어려운 세상에
혼자 남겨진 기분이었다.
사람들은 모두 엎드린 채
잠이 들어 아무 말도 없었다.

_ 자기만의 방 Virginia Woolf

오늘은

홀로
서기

남편과 아내 사이에도 공간이 필요하고,
그것은 존중되어야 한다.

_ 댈러웨이 부인 Virginia Woolf

오늘은

**홀로
서기**

사람들이 알아주지 않더라도
서운해하지 않는 것이 군자가 아니겠는가.

_ 논어·학이편 孔子

배운 것을 때맞춰 실천하니, 아니 즐거운가!

_ 논어·학이편 孔子

오늘늘의

**홀로
서기**

아저씨 덕분에 이제는 저 혼자서도
걸어갈 수 있게 되었어요.

_ 키다리 아저씨 Jean Webster

오늘은

**홀로
서기**

난 내가 생각하는 것보다 강하지 않을 수도 있어.
하지만 나에게는 많은 요령과 결단력이 있지.

_ 노인과 바다 Ernest Hemingway

오늘은

홀로
서기

_____

_____

_____

_____

_____

언제나 우린 덫에 걸려 있다는 기분이 들어.

_ 무기여 잘 있거라 Ernest Hemingway

오늘은

**홀로
서기**

타이밍

"행복을 잃기 전에는
그것이 행복인지 알 수 없다."

– Miguel de Cervantes

우연은 존재하지 않는다.
무언가가 간절히 필요했던 사람이 그것을 발견한다면
그것은 우연이 아니라 자기 자신이,
혹은 자기 자신의 소망이 만든 필연이다.

_ 데미안 Hermann Hesse

오늘늘오

타이밍

'항상'이라는 단어, 의미 없다.

_ 도리언 그레이의 초상 Oscar Wilde

지금은 어디에서든 당신의 매력이
온 세상을 사로잡겠지만,
앞으로도 계속 그럴 수 있을까요?

_ 도리언 그레이의 초상 Oscar Wilde

늙은 사람의 비극은 그 사람의 나이가 아니라
여전히 젊은 마음에 있다.

_ 도리언 그레이의 초상 Oscar Wilde

청춘은 우리가 지니고 있을 만한 단 하나의 가치다.

_ 도리언 그레이의 초상 Oscar Wilde

오늘은

타이밍

머지않아 아주 멋진 일이 일어날 거예요.

_ 키다리 아저씨 Jean Webster

타이밍

저는 무슨 생각이든 떠오르는 즉시
충동적으로 글을 써버리는 못된 버릇이 있어요.

_ 키다리 아저씨 Jean Webster

오늘의

타이밍

누구나 가끔 뜻밖의 일들이 일어나길 바라곤 하죠.

_ 키다리 아저씨 Jean Webster

타이밍

_____
_____
_____
_____
_____

제 묘비명을 읽으려고 마지막 장을 펼치는 순간,
꿈에서 깨고 말았어요. 누구와 결혼하고
언제쯤 죽게 될지 알 수 있었는데!

_ 키다리 아저씨 Jean Webster

오늘의

타이밍

젊음은 나이와는 상관없이
정신이 얼마나 생기 넘치는지에 달려 있어요.

_ 키다리 아저씨 Jean Webster

잠은 피곤한 마음에 가장 좋은 약이다.

_ 돈키호테 Miguel de Cervantes

오늘의

타이밍

행복과 불행은 모두 영원하지 않다.

_ 돈키호테 Miguel de Cervantes

오늘은

타이밍

행복을 잃기 전에는 그것이 행복인지 알 수 없다.

_ 돈키호테 Miguel de Cervantes

오늘의

타이밍

시간이 조금만 지나면 다시 잘 지내게 될 거야.
모든 게 끝나서 좋아질 거야.

_ 엠마 Jane Austen

오늘은

타이밍

삶을 즐겁게 해주는 것들을 나중으로,
시간이 있을 때로 조금씩 미뤄왔다.

_ 야간 비행 Saint Exupery

오늘의

타이밍

신속한 승리만큼 귀중한 것은 없다.

_ 병법·작전편 孫子

미흡하더라도 빨리 끝내
승리했다는 소리는 들어봤어도,
솜씨를 믿고 오래 끌어
좋게 끝나는 경우는 보지 못했다.

_ 병법·작전편 孫子

오늘의

타이밍

전쟁을 잘하는 사람은 승리를 거두더라도
지혜롭다는 명성이 없고, 용맹스러운 공적도 없다.
이는 그가 승리할 수밖에 없도록
미리 모든 조치를 해두었기 때문이다.

_ 병법·군형편 孫子

오늘은

타이밍

전쟁을 잘하는 사람은
늘 승패를 다스릴 수 있는 능력을 갖춰놓는다.

_ 병법·군형편 孫子

타이밍

기세란 처음에는 날카롭고
중반에는 나태해지며 마지막에는 소멸한다.

_ 병법·군쟁편 孫子

오늘은

타이밍

총명한 군주나 현명한 장수는
먼저 적의 정세를 파악하여 승리한다.

_ 병법·용간편 孫子

타이밍

'내가 스물한 살이었으면….'

_ 당신의 나이 Scott Fitzgerald

오늘의

타이밍

그는 알았다. 온 노력을 다해도 지나간
4월의 시간을 다시 붙잡을 수 없다는 것을.

_ 현명한 처사 Scott Fitzgerald

오늘의

타이밍

눈을 씻고 다시 봐도
이미 돌이킬 수 없을 만큼 틀어졌다.

_ 위대한 개츠비 Scott Fitzgerald

오늘은

타이밍

나 자신을 속여가며 그것에 우쭐거리기에는
나이를 다섯 살이나 더 먹어버렸다.

_ 위대한 개츠비 Scott Fitzgerald

나는 열다섯 살에 학문에 뜻을 두었고,
서른 살에 마음이 자립하였고,
마흔 살에는 세상일에 현혹되지 않았다.
쉰 살에 하늘의 명을 깨달았고,
예순 살에는 어떤 말이든
있는 그대로 받아들일 수 있게 되었다.
그리고 일흔 살에는 마음에 충실하되
도道에 어긋나지 않았다.

_ 논어·위정편 孔子

오늘은

타이밍

청춘은 굼뜬 절름발이 같은 지혜의 그물을
미친 토끼처럼 뛰어넘어버린다.

_ 베니스의 상인 William Shakespeare

오늘은

타이밍

date   .   .

주위에 아무도 없을 때는 까마귀 울음소리도
종달새 울음소리처럼 아름답게 들리지만,
대낮에 꽥꽥거리는 거위 떼의 울음소리는
소쩍새의 아름다운 소리조차 소음처럼 들리게 한다.
세상 모든 일이 적절한 때를 만나야
진가를 발휘하고 인정받을 수 있는 법이다.

_ 베니스의 상인 William Shakespeare

오늘은

타이밍

죽음은 나이순이 아니오.

_ 말괄량이 길들이기 William Shakespeare

타이밍

최고의 시절이자 최악의 시절,
지혜의 시대이자 어리석음의 시대였다.
지금과 너무나 비슷하게도,
그 시절 권위자들 역시 오직 극단적인 비교로만
그 시대를 규정하려 했다.

_ 두 도시 이야기 Charles Dickens

잘못 사용해서 놓쳐버린 내 삶의 기회를
아무리 후회해도 되돌릴 수 없다는 것을
나는 알지 못했어.

_ 크리스마스 캐럴 Charles Dickens

오늘의

타이밍

성장

×

"어린 시절에 이해하지 못했던 것들을
이제는 이해한다."

– Oscar Wilde

사람은 누구나 자기 꿈을 발견해야 해요.
그러면 나아갈 길이 쉬워지죠.

_ 서간집 Hermann Hesse

생전 처음으로 외부의 세계가
나의 내부의 세계와 순수하게 어울려 화음을 냈다.
이제 영혼의 축제일이 오고,
사는 보람을 느낄 것이다.

_ 서간집 Hermann Hesse

오늘은

성장

새는 알에서 나오려고 투쟁한다.
알은 새의 세계이다. 태어나려고 하는 자는,
하나의 세계를 깨뜨려야만 한다.
새는 신에게 날아간다. 그 신의 이름은 아브락사스.

_ 서간집 Hermann Hesse

오늘의

성장

어떤 것도 될 수 있었던 그때,
그의 내면에서 삶이 이글거리고 있었다.

_ 픽토르의 변신 Hermann Hesse

긴 여행길에서 방랑의 기쁨과 슬픔을
체험하지 못한 사람은
저 흰 구름을 이해할 수 없지.

_ 흰 구름 Hermann Hesse

오늘의

성장

그는 강물을 보며 수많은 것을 배웠다.
무엇보다도 가만히 귀 기울이기,
어떤 열정이나 소망, 편견, 의견 없이
차분하고 열린 마음으로
기다리며 경청하는 법을 배웠다.

_ 싯다르타 Hermann Hesse

어린 시절에 이해하지 못했던 것들을
이제는 이해한다.

_ 도리언 그레이의 초상 Oscar Wilde

성장

date   .   .
_____

그 누구도 눈여겨보지 않는 보잘것없는
꽃 한 송이를 피우기 위해
이토록 뼈아픈 성장통을 겪어야 하는 걸까.

_ 도리언 그레이의 초상 Oscar Wilde

_____

_____

_____   오늘은

_____   **성장**

_____

date   .   .

인생의 목적은 성장이다.
자아를 완벽하게 실현하는 것,
그것이 우리의 존재 이유다.

_ 도리언 그레이의 초상 Oscar Wilde

오늘의

성장

아이들은 부모를 사랑함으로써 삶이 시작된다.
이내 부모를 판단하게 되고,
때로는 부모를 용서하기도 한다.

_ 도리언 그레이의 초상 Oscar Wilde

오늘은

성장

오늘 아침에 거울을 보니
전에는 못 보던 보조개가 생겨나 있었어요.
어떻게 된 일일까요?

_ 키다리 아저씨 Jean Webster

성장

아저씨의 병아리는 힘차게 꼬꼬댁 울 줄도 알고,
아름다운 깃털을 가진 암탉으로 자라는 중이에요.

_ 키다리 아저씨 Jean Webster

성장

이룰 수 없는 꿈을 꾸고,
이루어질 수 없는 사랑을 하며,
이길 수 없는 적과 싸우고,
견딜 수 없는 고통을 견디며
잡을 수 없는 저 하늘의 별을 잡자.

_ 돈키호테 Miguel de Cervantes

오늘의

성장

글을 보면 그 사람의 마음을 들여다볼 수 있다.

_ 돈키호테 Miguel de Cervantes

오늘의

성장

죽기 전까지는 모든 것이 삶이다.

_ 돈키호테 Miguel de Cervantes

오늘의

성장

불빛이 어둠 속에서 더 빛나듯,
희망은 시련 속에서 더 단단해진다.

_ 돈키호테 Miguel de Cervantes

오늘은

성장

시간이 지우지 못할 기억은 없고
죽음이 없애지 못할 고통도 없다.

_ 돈키호테 Miguel de Cervantes

시간이 모든 것을 완성한다.

_ 돈키호테 Miguel de Cervantes

오늘은

성장

date　.　.
_____

누구에게도 해를 끼치지 않으면서
세상에 선을 행하는 것, 그것이 나의 사명이다.

_ 돈키호테 Miguel de Cervantes

_____
_____
_____
_____

오늘은

성장

무언가를 사랑하는 방법을 배우려는 습관은
매우 올바른 자세예요.

_ 노생거 사원 Jane Austen

자신의 행복을 생각해야 해요.
당신에게 필요한 건 인내심이에요.
아니면 좀 더 예쁜 이름인 '희망'이라고 할까요.

_ 이성과 감성 Jane Austen

_____
_____
_____
_____

오늘의

성장

인생은 모순덩어리다.
그저 힘닿는 대로 살아가는 것이다.

_ 야간 비행 Saint Exupery

나 역시 숫자밖에 모르는 어른이 될까 봐
그림물감 한 상자와 연필 몇 자루를 샀다.

_ 어린 왕자 Saint Exupery

성장

오늘의

지금은 슬픔에서 어느 정도 빠져나왔다.
완전히 괜찮아진 것은 아니지만….

_ 어린 왕자 Saint Exupery

오늘은

성장

전략을 되풀이하지 말고,
때에 따라 무궁무진한 변화를 꾀해야 한다.

_ 병법·허실편 孫子

오늘은

성장

물살을 거슬러 나아가는 배처럼,
끊임없이 과거로 떠밀리면서도
우리는 계속해서 앞으로 정진한다.

_ 위대한 개츠비 Scott Fitzgerald

오늘의

성장

우리의 영혼은 물고기처럼
깊은 바다에서 어둠 속을 유영하고,
커다란 수초 줄기 사이를 헤치고 나아간다.
햇살이 아롱거리는 곳들을 지나
깜깜하고 차갑고 깊고
앞이 보이지 않는 곳으로 계속해서 정진한다.

_ 댈러웨이 부인 Virginia Woolf

오늘은

성장

삶이 잠시 가라앉을 때일수록
경험의 가능성은 무궁무진해 보였다.

_ 등대로 Virginia Woolf

사람이 원대한 계획이 없으면,
반드시 가까운 곳에 근심이 있다.

_ 논어·위령공편 孔子

오늘은

성장

충분한 수면만이 우리의 목숨을 지탱해준다.

_ 리어왕 William Shakespeare

_____

_____

_____

_____

오늘의

성장

date . .

작은 불꽃은 약한 바람에는 잘 타오르지만
강한 바람에는 꺼지고 말아요.

_ 말괄량이 길들이기 William Shakespeare

오늘은

성장

행복

"이 세상에서 웃음과 즐거운 기분만큼
전염력이 강한 것도 없다."

– Charles Dickens

행복은 내일에 아무것도 요구하지 않고
오늘에 감사할 때 존재한다.

_ 서간집 Hermann Hesse

오늘의글

행복

행복은 '무엇'이 아니라 '어떻게'다.
그러므로 행복은 대상이 아니라 재능이다.

_ 서간집 Hermann Hesse

오늘은

행복

오, 친구여, 행복은 어디에나 있답니다.
산과 계곡에도 있고 꽃과 크리스털에도 있지요.

_ 픽토르의 변신 Hermann Hesse

어디든 당신이 사랑하는 곳이 곧 세상이다.

_ 비범한 로켓 Oscar Wilde

_____

_____

저는 인생의 모든 순간마다 스스로
행복하다는 걸 확신하며 살고 있어요.
어떤 안 좋은 일이 생겨도 계속 그럴 거예요.

_ 키다리 아저씨 Jean Webster

오늘의

행복

오늘따라 숲은 푸른빛으로 반짝이고
공기는 눈부시도록 맑네요.

_ 키다리 아저씨 Jean Webster

오늘은

행복

저는 대학 생활이 정말 좋아요.
저를 이곳에 보내주신 아저씨를 사랑해요.
이곳에서 지내는 매 순간이 너무 흥분된 나머지
잠을 못 이룰 정도랍니다.

_ 키다리 아저씨 Jean Webster

언제나 제일 좋아하는 사람은 아저씨예요.
아저씨는 제 가족 전부를 합한 분이거든요.

_ 키다리 아저씨 Jean Webster

_____

- -

- -

- - - - - - - - - - - - - - - - - - - -

_____

오늘은

행복

저는 행복의 진짜 비결을 알아냈어요.
그건 바로 현재를 사는 거예요.

_ 키다리 아저씨 Jean Webster

오늘의

행복

어린 시절을 돌이켜봤을 때,
누구든 행복한 기억을 떠올릴 수 있어야 해요.

_ 키다리 아저씨 Jean Webster

은 늘 오

행복

어제는 제 인생에서 최고로 멋진 날이었어요.

_ 키다리 아저씨 Jean Webster

_____

_____

_____

_____

_____

세상에는 행복이 넘쳐나고
모든 사람에게 공평하게 돌아갈 만큼 충분해요.
다가올 행복을 맞이할 준비만 되어 있다면요.

_ 키다리 아저씨 Jean Webster

오늘은

행복

아저씨는 좋은 일들을 많이 하고 계시니까
반드시 행복해질 거예요.

_ 키다리 아저씨 Jean Webster

오늘의

행복

대단히 큰 기쁨만 중요한 건 아니에요.
작은 것에서부터 큰 기쁨을 끌어내는 게 중요하죠.

_ 키다리 아저씨 Jean Webster

_____

_____

_____

_____

_____

오늘은

행복

결국 위대한 작가라는 결승점에 이르지 못해도,
저는 그 길가에 앉아 소소한 행복을
많이 쌓아 올리기로 했어요.

_ 키다리 아저씨 Jean Webster

행복

아저씨에게 편지를 쓰는 게 정말 좋아요.
왠지 저에게도 가족이 있는 것 같은
근사한 기분이 들거든요.

_ 키다리 아저씨 Jean Webster

우리 정말 행복했죠?
록 월로우로 돌아오는 어두운 길에
별이 어찌나 빛나던지요!

_ 키다리 아저씨 Jean Webster

오늘의

행복

'너무나 소중한 나의 패니'라는 네 단어의 유려함에
큰 행복을 느낀 그녀는 언제까지나 그것을
바라볼 수 있을 것 같았다.

_ 맨스필드 파크 Jane Austen

오늘은

피로를 푸는 최고의 방법은 맑은 날
나무 그늘에 앉아 초목을 바라보는 거죠.

_ 맨스필드 파크 Jane Austen

돈은 다른 데서 행복을 찾을 수 없을 때만
우리에게 행복을 줄 수 있어.

_ 이성과 감성 Jane Austen

오늘은

행복

아무리 성실한 사람이라도
쉬고 싶을 때가 있기 마련이다.

_ 어린 왕자 Saint Exupery

키스해줘요.
그게 나의 유일한 휴식이에요.

_ 현명한 처사 Scott Fitzgerald

오늘은

행복

date   .   .
_____

우리 신나고 느긋하게 놀아요.
안달복달하기에는 날씨가 너무 더워요.

_ 위대한 개츠비 Scott Fitzgerald

_____

오늘의

행복

신의 계시는 없었다.
어쩌면 앞으로도 없을 것이다.
그저 사소한 일상의 기적들, 어둠을 밝히는
뜻밖의 성냥불처럼 반짝하는 순간들이 있을 뿐이다.

_ 등대로 Virginia Woolf

오늘은

행복

고양이들이 얼마나 행복해하고,
얼마나 기운 넘치고, 얼마나 즐거워하는지 몰라요.
제게는 친구 그 이상이죠.

_ 올리버 트위스트 Charles Dickens

오늘의

행복

모두가 크리스마스 노래를 흥얼거리거나,
크리스마스를 생각하거나, 향수 섞인 마음을 담아
크리스마스에 대해 동료들과 소곤거렸다.

_ 크리스마스 캐럴 Charles Dickens

모든 사람이 크리스마스 날만큼은
서로에게 더욱 따뜻한 말을 건넸다.

_ 크리스마스 캐럴 Charles Dickens

스크루지는 기뻐서 웃고 있었다.
그리고 스크루지는 그것으로 충분했다.

_ 크리스마스 캐럴 Charles Dickens

오늘은

행복

마치 깃털처럼 가볍고, 천사처럼 행복하고,
학생처럼 즐겁구나.

_ 크리스마스 캐럴 Charles Dickens

오늘만큼은 슬픈 기억을 떠올리지 말고
장작불이 활활 타오르는 난롯가로 의자를 끌어당겨,
잔을 채우고 돌아가며 노래를 부르자.

_ 크리스마스 만찬 Charles Dickens

오늘은

행복

이 세상에서 웃음과 즐거운 기분만큼
전염력이 강한 것도 없지.

_ 크리스마스 캐럴 Charles Dickens

_____
_____
_____
_____

오늘들은

행복

글도 그렇고 인생도 그렇다.
모든 것은 수십, 수백 번 고쳐 쓰는 것이다.

Ernest Hemingway

ONE DAY ONE PICK : 내 기분은 내가 정해

2020년 9월 29일 초판 1쇄 발행

엮 은 이 │ 봄름 편집부
펴 낸 이 │ 서장혁
책임편집 │ 장진영, 이다은, 주연
디 자 인 │ 조은영
마 케 팅 │ 한승훈, 최은성

펴 낸 곳 │ 봄름
주   소 │ 경기도 파주시 회동길 216 2층
T E L │ 1544-5383
홈페이지 │ www.bomlm.com
E – mail │ support@tomato4u.com
등   록 │ 2012. 1. 11.

I S B N │ 979-11-90278-40-9 (00190)

봄름은 토마토출판그룹의 브랜드입니다.

• 이 도서의 국립중앙도서관 출판시도서목록(CIP)은 서지정보유통지원시스템 홈
  페이지(http://seoji.nl.go.kr)와 국가자료공동목록시스템(http://www.nl.go.kr/
  kolisnet)에서 이용하실 수 있습니다. (CIP제어번호 : CIP2020036241)